# L'AFRIQUE

## DEPUIS QUATRE SIÈCLES

### DÉPEINTE AU MOYEN DE HUIT CROQUIS SUCCESSIFS

#### AVEC UN TEXTE DESCRIPTIF

### PAR ÉD. DE LA BARRE DUPARCQ.

| | |
|---|---|
| 1. Afrique en 1546. | 5. Afrique de Le Rouge, 1747. |
| 2. Afrique d'Apianus, 1574. | 6. Afrique de Desnos, 1770. |
| 3. Afrique de Bussemecher, 1594. | 7. Afrique d'après Hérisson, 1828. |
| 4. Afrique de Coronelli, 1689. | 8. Afrique actuelle. |

## PARIS

AUX FRAIS DE L'AUTEUR

—

1873

# L'AFRIQUE DEPUIS QUATRE SIÈCLES.

Au moment où l'on se préoccupe en France de l'amélioration des sciences géographiques, parce que nos voisins les Allemands y ont acquis une grande supériorité, et se sont ainsi dotés d'un puissant auxiliaire au point de vue guerrier, je suis frappé des progrès généraux réalisés par la géographie depuis un demi-siècle, notamment en ce qui concerne les contrées nouvellement explorées.

Afin de démontrer cette thèse d'une façon plus sensible, car les derniers ouvrages élémentaires publiés, par exemple ceux de M. Levasseur, la mettent en évidence, je m'appuierai d'un exemple, celui de l'Afrique, continent encore assez mal connu; je ferai voir comment sa représentation géographique s'est transformée successivement, et accrue depuis le XVIe siècle, je le ferai au moyen de petites cartes, ou plutôt de croquis (les dessins ci-joints n'élèvent pas plus haut leur prétention); la comparaison même de ces croquis, d'âges différents, fournira un sujet instructif. Heureux si cette comparaison paraît aussi utile au public qu'à moi-même, et constate de la sorte l'intérêt que je prends à la géographie, depuis que je me trouve officiellement mêlé, grâce à la bienveillance de M. le général de Cissey et de M. Jules Simon, aux questions qui concernent son enseignement dans nos divers établissements d'instruction (1).

Les opinions des anciens sur l'Afrique, à savoir la croyance en un continent dont le contour méridional, ou plutôt la pointe sud réelle

(1) Comme membre de la Commission de géographie, instituée près le ministère de l'Instruction publique, et dans laquelle j'ai l'honneur d'avoir pour collègues, MM. Guigniaut, d'Avezac, Levasseur, Deloche, Himly, Jagerschmidt, amiral Coupvent des Bois, Grenet, de Wattewille, commandant Mieulet.

était inconnue, se ʃreproduisent parmi les géographes de la fin du xvᵉ siècle et se perpéluent au début du siècle suivant. Peu à peu pourtant, le voyage de Diaz, et la découverte du cap de Bonne-Espérance en 1486, se répandent et donnent à l'Afrique un pourtour déterminé, à peu de chose près la forme actuelle. Quant à l'intérieur, on en sait si peu que cela se réduit à une série de noms : quoi qu'il en soit, nous examinerons trois cartes africaines du xvıᵉ siècle.

## PREMIÈRE CARTE.

Cette carte est empruntée à un volume datée de 1581 : *Rudimentarvm cosmographicorvm Ioan. Honteri Coronensis libri III*, cum tabellis geographicis elegantissimis; mais elle peut reprendre la date de 1546, car la première des cartes qui accompagnent cet opuscule, le Planisphère, sur lequel l'Afrique est du reste délimitée, porte en effet le millésime de 1546 et le lieu de Tiguri (Zurich). Sur cette carte, formant le nᵒ 1 des croquis joints à cette brochure, le Nord et l'Est représentent assez l'Afrique romaine. Quant au surplus, la préoccupation du géographe consiste à opposer trois peuples :

Les *ichtyophagi*, ou mangeurs de poissons;

Les *elephantophagi*, ou mangeurs d'éléphants;

Les *anthropophagi*, ou mangeurs d'hommes;

et à retracer, plus bas que l'Ethiopie (1), les *montes lunæ* d'où sort le Nil, qui traverse ensuite de grands lacs (*stagnantes lacus*, dit notre poète), pour en déboucher plus fort, et ainsi grossi, déverser ses eaux du sud au nord jusqu'à Peluse et jusqu'à Alexandrie Sur cette carte, l'Afrique cesse d'être une longue bande de terre parallèle à la Méditerranée (2), et si elle n'a pas sa pointe c'est faute de place, car un petit planisphère de ce volume lui donne à peu près la forme

(1) Plus d'un auteur plaçait alors les montagnes de la Lune dans ce pays: « Nasce il Nilo negli altissimi monti di Ber nella *Etiopa,* » écrit par exemple Girolamo Borro Aretino, à la page 186 de l'ouvrage *Del Flusso et Reflusso del Mare e dell'Inondatione del Nilo,* Florence, in 12, chez Marescotti, 1577.

(2) 1574 est la date que porte l'*Atlas anglicanus* de Sexton, première collection de cartes anglaises.

actuelle; cette carte est moins loin de la carte moderne que plusieurs des cartes mises au jour dans les siècles suivants; même caractère pour notre croquis n° 2.

## DEUXIÈME CARTE.

Nous l'empruntons également à une *cosmographie*. Voici le titre exact de l'ouvrage : *Cosmographia Petri Apiani per Gemmam Frisivm apvd Lovanienses medicvm et mathematicvm insignem,* Cosmographie de P. Apianus, revue par Gemma-*le-Frison*, médecin et mathématicien célèbre de Louvain, à Cologne, chez les héritiers d'Arnold Birckmann, 1574, petit in-4°. Ce volume, enrichi d'un grand nombre de figures dont plusieurs avec annexes rotatives , destinées à expliquer le phénomène du jour et de la nuit, ainsi que divers autres mouvements astronomiques, est assez rare et, à coup sûr, fort curieux : sa carte d'Afrique l'est moins , mais cette partie du monde s'y trouve convenablement posée entre l'Amérique et les Indes asiatiques, et c'est beaucoup pour l'époque.

## TROISIÈME CARTE.

Notre troisième carte n'est qu'un fragment, mais sur lequel on voit un grand nombre de villes comprises entre Tanger et Tunis; il est emprunté à la carte d'ensemble de l'*Europæ descriptio*, publiée en 1594, à Cologne, par Jean Bussemecher (1). Bonne, près de laquelle se trouvait le *Bastion jrançois*, y figure; là s'élevait aussi une forteresse génoise nommée dans notre langue *Tabarque* (c'est sans doute le *Thabraca* de la carte) que le roi d'Alger voulait livrer au roi de France, si nous en croyons Pierre-Bon (2).

(1) Carte gravée par Queyz. L'Editeur Bussemecher a gravé lui-même bon nombre de cartes de cet ouvrage dont plusieurs sont datées de 1590 et même 1589 : la carte d'ensemble n'est pas datée. Parmi les géographes qui ont dessiné les cartes de cette publication citons Henri Nagel, Ægidius Tschud, David Seltzelius (d'Ulm), etc. Les deux cartes d'Alsace sont dues à Daniel Speckle, architecte de Strasbourg, fort connu comme ingénieur militaire, après Albert Dürer (reportez vous au tome 1er de notre traduction de l'*Histoire de la fortification permanente* de M. de Zastrow).

(2) Lettre à Charles IX, 2 janvier 1573; citée par M. Henri Chevreul dans son édition de la *Chasse du Cerf* de ce monarque.

## QUATRIÈME CARTE.

De 1594 nous sauterons près d'un siècle plus loin, à 1689 ; et, à cette date, nous choisirons la carte suivante : « *Afrique*, selon les relations les plus nouvelles, dressée et dédiée à Mgr le duc de Brissac, pair de France, par le P. Coronelli, cosmographe de la sérénissime République de Venise, Paris, chez Nolin, quai de l'Horloge-du-Palais, grand in-folio. » On s'intitulait encore, vous le voyez, *cosmographe* et non *géographe ;* cela dura jusqu'à Mentelle et valait mieux puisque, pour bien comprendre la terre (γη), il faut savoir un peu du monde entier (κοσμος). Toujours est-il que le P. Coronelli, auteur d'un curieux volume sur la Morée, sa géographie et ses places de guerre (1), nous montre le Nil prenant *toutes* ses sources (2) en Abyssinie et nullement dans les *montagnes de la lune* qu'il place très au sud, à hauteur de la côte de Mozambique, alors qu'un village côtier nommé *Quilmanei* (Kilimane ?) se trouve pour lui assez au nord de cette côte et même de Zanzibar. Le P. Coronelli explique dans une note, qu'il suit, relativement au Nil, les découvertes du P. Mendez, patriarche d'Ethiopie, et des Jésuites ses collaborateurs, découvertes datant du XVIIe siècle. Sur sa carte, les lacs sont nombreux, tandis que plus tard Mentelle n'admet que deux lacs en Afrique.

L'empire du Monomotapa de Coronelli est très-méridional et occupe un espace presque ovale, au milieu des terres, compris entre les montagnes de la Lune et le cap de Bonne-Espérance : singulière destinée que celle de cet État destiné à changer souvent de place et d'étendue sur les cartes de l'Afrique ! Voici l'opinion qu'on en concevait au début du règne de Louis XIV, et elle ne paraît pas avoir changée un demi-siècle plus tard, à en juger par Coronelli : « Le

---

(1) Traduit en français, in 12, Amsterdam, chez Wolfgang, sous ce titre : *Mémoires historiques et géographiques du royaume de la Morée* — Ouvrage semblable sur l'Ile de Rhodes, Venise, 1688, par le même auteur.

(2) Et pas seulement celles du Nil Bleu *actuel*

Monomotapa est comme environné de la Cafrerie; il porte le nom
du roy au lieu que pour l'ordinaire les roys ont nom de leur pays:
il est grandement fertile, et si riche en or dans ses montagnes et
rivières que le roy en est appelé l'empereur de l'or. Les habitants y
sont grandement superstitieux, recognoissans pourtant vne divi-
nité (1), leurs armes sõt des piques, des arcs et des flèches. Les
femmes y sont des plus guerrières, ne rendant pas moins de service
dans les armées que les hommes. La ville capitale porte le mesme
nom que le royaume, si on ne veut dire qu'õ l'appelle aussi Zimbaoé,
où est la cour du prince (2). » Philippe Cluverius, dont l'ouvrage (3)
parut en 1639, est plus explicite, et dit que cette capitale s'élève sur
les bords du fleuve Saint-Esprit où, du reste, Coronelli la place. Le
reste de la carte offre peu d'intérêt, si ce n'est que la Gambie, le
Sénégal et le Niger, ne forment qu'un seul fleuve à peu près parallèle à la Méditerranée, et prenant sa source dans trois lacs situés
au centre de l'Afrique. Nous dirons encore que Cano et Kaugo
(Kuka ?) n'y sont pas trop mal placées. La première de ces villes dans
la Nigritie, sur un affluent du Niger, la seconde dans un royaume de
Bornou, en effet, et sur un lac; enfin, nous signalerons la forme
particulière de l'île de Madagascar qui, au lieu d'avoir son axe lon-
gitudinal en ligne droite, se trouve coudée suivant cet axe.

Au total la carte de Coronelli s'éloigne moins de la carte actuelle que
plus d'une carte postérieurement publiée, comme l'examen de nos
autres croquis va en fournir la preuve : MM. Cortambert ont déjà
signalé le même fait pour une carte d'Afrique datée de 1500 (4).

(1) Alors ils sont plus civilisés que leurs voisins, les habitants du Cap de Bonne-Espérance, dont il a été écrit : « Quid magis miserum quam habitatores capitis *Bonæ Spei* qui
profecto etiam porcos et immundissima quoque animalia superant: » *Ulysses peregrinans*
de G. Horn, in-32 Leyde, 1671, p. 24.

(2). *Abrégé du monde* par Du Val d'Abbéville, Paris 1646, chez Sommaville, in-32, p. 85.

(3) *Cluverii introductionis in universam geographiam, tam Veterem quam Novam
libri VI*, Editio ultima. Amsterdam, chez Hondius, in-32, p. 316. Du Val a suivi les mêmes
subdivisions que Cluverius.

(4) Dans une étude sur Livingston. Voyez *Bulletin de la Société de Géographie*, mars
1873, p. 319.

1.

## CINQUIÈME CARTE.

Même observation relative à Madagascar qui contient cette fois un moins grand nombre de rivières que chez Coronelli.

Notre cinquième carte a été dressée en 1747 par un géographe connu, Le Rouge, auteur de deux publications militaires curieuses, le *Parfait aide-de-camp*, et le *Camp de Compiègne*, lesquelles fournissent aux officiers les plans d'un grand nombre de campements et d'objets relatifs à leur profession.

Cette carte est moins chargée. Le Nil prend toujours sa source en Abyssinie, sans qu'il y ait trace de *monts de la Lune*, mais il possède dans sa partie supérieure une branche de gauche qui sort du Bournou, et s'appelle la Rivière-Bleue ; c'est justement ce que nous nommons aujourd'hui le Nil-Blanc, réservant ce nom de Nil-Bleu pour la branche abyssinienne qui est de beaucoup la plus courte. Le lac Maravi, long, étroit, non délimité vers le nord, existe en face de Zanzibar, entre Monbaze et Mozambique, et au-dessus s'étend un espace blanc ; c'est l'opinion de d'Anville qui consiste à marquer uniquement, ce dont on était sûr, la série des autres lacs ou de la grande mer annoncée par tous les indigènes et par les négociants arabes, et signalée par les missionnaires, n'étant encore ni prouvée, ni surtout fixée comme situation.

Sur le Zambese nous rencontrons Zumbo (sous la forme Zimbaou) et Tete, mais la première étant le plus à l'ouest ce qui est l'inverse de la réalité.

Au cap de Bonne-Espérance, le fort hollandais commence à figurer, mais pas encore la ville qui est devenue depuis la capitale de cette colonie.

La côte de Guinée est moins longue, ce qui donne mieux à l'Afrique sa forme réelle, et, au sud de cette contrée à la côte des Dents, on ne voit plus les *bonnes gens* et les *males gens* de Coronelli.

A l'embouchure du Sénégal on lit *île et fort Saint-Louis*, au lieu de village du gouverneur.

Tombut (Tombouctou) est moins à l'ouest, mais la route entre cette ville et la capitale du Maroc se trouve peu jalonnée par l'indication de villages ou oasis. En revanche, la route entre Tombut et Tripoli existe, dans l'idée de Le Rouge, au moyen des stations qu'il indique de Bérissa, Gibadou, Tegerti, Catrone, Chute, Soncony, Lebda dont une seule ressemble à nos dénominations actuelles, car *Chute* me paraît correspondre à *Ghat*.

Quant aux subdivisions des États du Sud du centre et de l'Ouest, elle demeure fort arbitraire dans la carte de Le Rouge.

L'indication du royaume central de Gago, dans lequel on trouve de l'or, rappelle le mémoire sur la *quantité d'or* que l'on rencontrait, disait-on, dès la fin du xviie siècle, en remontant la rivière de Gambie (1), rivière que Le Rouge ne place point sur sa carte, mais qui, suivant Coronelli, débouchait au Sud du cap Vert.

## SIXIÈME CARTE.

Cette carte à petite échelle est empruntée à un ouvrage portatif du siècle dernier connu et recherché des bibliophiles : *Almanach géographique* ou *Petit Atlas élémentaire* composé de quinze cartes, par Desnos, ingénieur-géographe de Sa Majesté Danoise (2), Paris, in-32, 1770. Cette publication, bien exécutée, répondait à une idée fort pratique; mais la carte que nous reproduisons *in extenso*, soit oubli, soit exiguité, n'est pas parfaite : ainsi Zanzibar n'est pas mentionné sur la côte orientale, Le Caire manque dans l'Égypte, le fort de Saint-Louis est absent du Sénégal; quant au Nil, il est mieux, et ce que l'on appelait alors la Rivière-Bleue descend jusqu'au 5° degré, au lieu de s'arrêter au 15e.

(1) Mémoire écrit sous le règne de Charles II et inséré dans la traduction française par Lallemant (Paris, in-8°, 1804) des voyages de MM. Lédyard et Lucas en Afrique. Cette traduction est dédiée à la société de l'Afrique intérieure et de découvertes, établie à Marseille.

(2) Le portrait de Christian VII, roi de Danemarck et de Norwège, auquel l'auteur dédie ce livre, est gravé par P. Savart.

## SEPTIÈME CARTE.

Cette carte, dressée par M. *Hérisson*, géographe, appartient au *Petit Altas de toutes les parties du monde*, publié à Paris, en 1828, par M^{me} *Tardieu-Denesle*. Elle est plus exactement tracée, quant à son pourtour, que les précédentes, et nous la choisissons parce qu'elle contient certainement autant, malgré son échelle restreinte, que l'Afrique de *Delamarche* (1826) et l'Afrique de *Meissas et Miche-lot* (1827) (1); mais elle ne contient guère d'indication sur les routes suivies par les caravanes, par exemple de Tombut à Alger ou à Tripoli (2), et on est choqué d'y avoir un Tuggurt au sud du Sahara, quoique évidemment ce ne soit pas celui de l'Algérie dont la limite se trouve entièrement tracée. Cette carte marque l'état des connaissances sur la géographie africaine à l'époque de la Restauration, avant la conquête d'Alger; elle porte cette date de 1828 à laquelle René Caillé atteignit et visita Tombouctou, fait essentiel dans la série des découvertes dont l'ère allait s'ouvrir, car les détails précédemment donnés sur cette cité par Robert Adams étaient peu certains.

## HUITIÈME CARTE.

Sur ce croquis dont le Monomotapa a disparu et qui reflète les découvertes les plus récentes, autant que sa petite échelle et son genre d'exécution économique par l'autographie le permet, nous avons visé à faire ressortir deux faits actuels, la connaissance de routes

(1) Dressé par Charle. Sur cette dernière carte les villes de Sakatou et de Kano, le lac Tchad, la ville de Kouka et la ligne des oasis suivis de cette dernière cité à Mourzouk sont, il faut le reconnaître, mieux placés que précédemment.

(2) La carte du colonel Lapie les donne pour la première fois et avec assez d'exactitude; elle est postérieure à 1830 au moins celle qui a été refaite, la première édition de son atlas datant de la fin de la Restauration.

certaines *effectivement parcourues*, permettant d'aller des côtes au centre du continent, et la fixation presque totale de la région des lacs de l'Afrique orientale, parce que ces deux faits changent la physionomie de l'Afrique.

En routes parcourues, notre croquis relate :

1° La route de Saint-Louis à Maroc et Fez;

2°. La route de Saint-Louis à Tombouctou;

3° La route de Tombouctou à Maroc;

4° La route de Tombouctou à In Salah, el Goleah (1) et Alger ;

5° La route de Tombouctou à Kuka, sur le lac Tjad, en passant par Sokoto ou Sakotou, bâtie par les Fellatahs (2);

6° La route de Tombouctou à Mourzouk ;

7° La route de Mourzouk à Alexandrie;

8°. La route de Kuka à Kartoun;

9° La route de Loanda à Teté sur le Zambèse, par I unda;

10° La même par Secheké;

11° La route de Cape-Town à Secheké par Colobeng et Linyanti, suivie par Livingstone;

12° La route de Richstervelt à Orjicoto sur la côte occidentale de la pointe méridionale de l'Afrique;

13° La route de Zanzibar, ou plutôt de Missisima, part qui se trouve situé vis-à-vis, à Oudjidji sur le lac Tanganika, adoptée par Livingstone et Stanley;

14° La route centrale de Bambarrè à Oudjidj.

Ces routes ne sont souvent que de simples sentiers dans lesquels un âne, ou un nègre, chargé d'un ballot, a de la peine à passer : néanmoins, elles servent à un trafic et méritent d'être citées comme moyen de communication.

En lacs on verrra sur notre croquis n° 8 :

(1) La colonne du général Galiffet a constaté l'exactitude des itinéraires déjà donnés. El Goleah *un vrai nid de pirates*, isolé d'au moins cinq jours de marche de tout lieu habité fortifié avec d'énormes pierres et qui domine le pays, dit le capitaine Parisot.

(2) En 1805. Sur les conquêtes des Fellatahs ou Foullanes, lisez *Le grand désert*, par le général Daumas et M. de Chancel, édition grand in-18, 1860, p. 191 et suiv.

Pour la partie centrale : le lac Tjad autour duquel se fait un grand commerce :

Pour la partie orientale
{
l'Albert Nianza (1)........................ ......
le Victoria Nianza (2)..................... .....
le Tanganika, le plus profónd des lacs explorés.
le lac Maravi................................ ...
}
aujourd'hui connus de tout le monde.

et à l'ouest de ces derniers :

Pour la partie centrale au-dessous de l'équateur
{
le lac rempli d'îles .. .....................  ...
le lac Lincoln............... .........  .........
le lac Kamolondo .......  ...................
le lac Moero........... .........  ...........
le lac Benguela.............................. ...
}
à peine visités (3).

Par l'ensemble de ces lacs, et il en existe probablement encore d'autres que l'imagination des premiers voyageurs avaient pu réunir et grouper en une seule masse d'eau, se trouve presque justifiée la présence d'une mer immense sise sur quelques cartes du temps de Louis XIV (4).

La position précise de ces divers lacs, les cours d'eau qui en sor-tent, ceux qui constituent le vrai Nil, ceux qui se rattachent au bassin du Niger, ou à celui du Congo, vont être reconnus par les expéditions déjà parties ou qui se préparent; celle des frères Grandy, officiers anglais qui veulent aller de Loanda au centre de l'Afrique à la recherche de Livinsgtone; celle de sir Bartle Frère qui va par Zanzibar au-devant du même voyageur; celle de Samuel Baker qui se trouve toujours dans les régions du Nil-Blanc; enfin celle de deux Français, MM. Marche et de Compiègne, dont le Gabon est le point de départ, et le cours supérieur de l'Ogowe (ou Ogowai) l'objectif.

Au sujet de ce croquis n° 8, il est évident qu'il doit être unique-ment considéré comme une source de renseignements , comme un guide, et ne peut dispenser de consulter une des bonnes cartes d'Afrique récemment mise au jour; par exemple, celle du géographe

---

(1) *Mwutan* (et très étroit) sur plusieurs cartes allemandes.

(2) *Ukerewe* sur les cartes allemandes et anglaises.

(3) Et non admis sur la dernière carte de Kiepert (1872).

(4) On y croyait encore en 1850 lors du voyage de M. Moffat: lisez à ce sujet les ré-flexions de l'auteur des *Curiosités philologiques et géographiques*, Paris 1855, in-16, chez Paulin, p. 183.

anglais, M. Keith Johnston, et, en cartes allemandes, celle de M. Kiepert, ou encore de M. Petermann dans la nouvelle édition du grand atlas de Stieler : le lecteur qui pourrait étudier ces diverses cartes, datées de 1872 ou 1873, et les comparer, en tirerait grand profit, surtout s'il suivait en même temps le cours professé cette année à la Sorbonne par M. Himly, sur les voyages de découvertes successivement accomplis en Afrique.

Et au sujet des voyages récents, actuels, de découvertes au centre de l'Afrique, quoique les renseignements abondent, ils sont souvent tellement contradictoires qu'il est difficile de s'y reconnaître : seulement, on peut très-bien en saisir le sens général, et cela suffit pour les personnes qui ne sont pas géographes de métier. Nous avons travaillé pour ces dernières, et désirons que notre opuscule de vulgarisation leur soit utile, malgré la petite échelle de nos dessins, même du huitième et dernier, qui ne porte pas le caractère rétrospectif des autres et, sous ce rapport, aurait dû peut-être recevoir des dimensions plus considérables.

Paris, le 15 mai 1873.

*Nota final.* — Si ce petit écrit, relatif à l'histoire de la géographie africaine, devait reparaître dans une deuxième édition, il serait bon de l'augmenter de plusieurs croquis : je serai donc reconnaissant aux personnes qui auraient la gracieuseté de me signaler et mieux de me communiquer, pour accomplir cette intention, des cartes curieuses de l'Afrique antérieures au xix° siècle.

Orléans. — Imp. Ernest Colas.

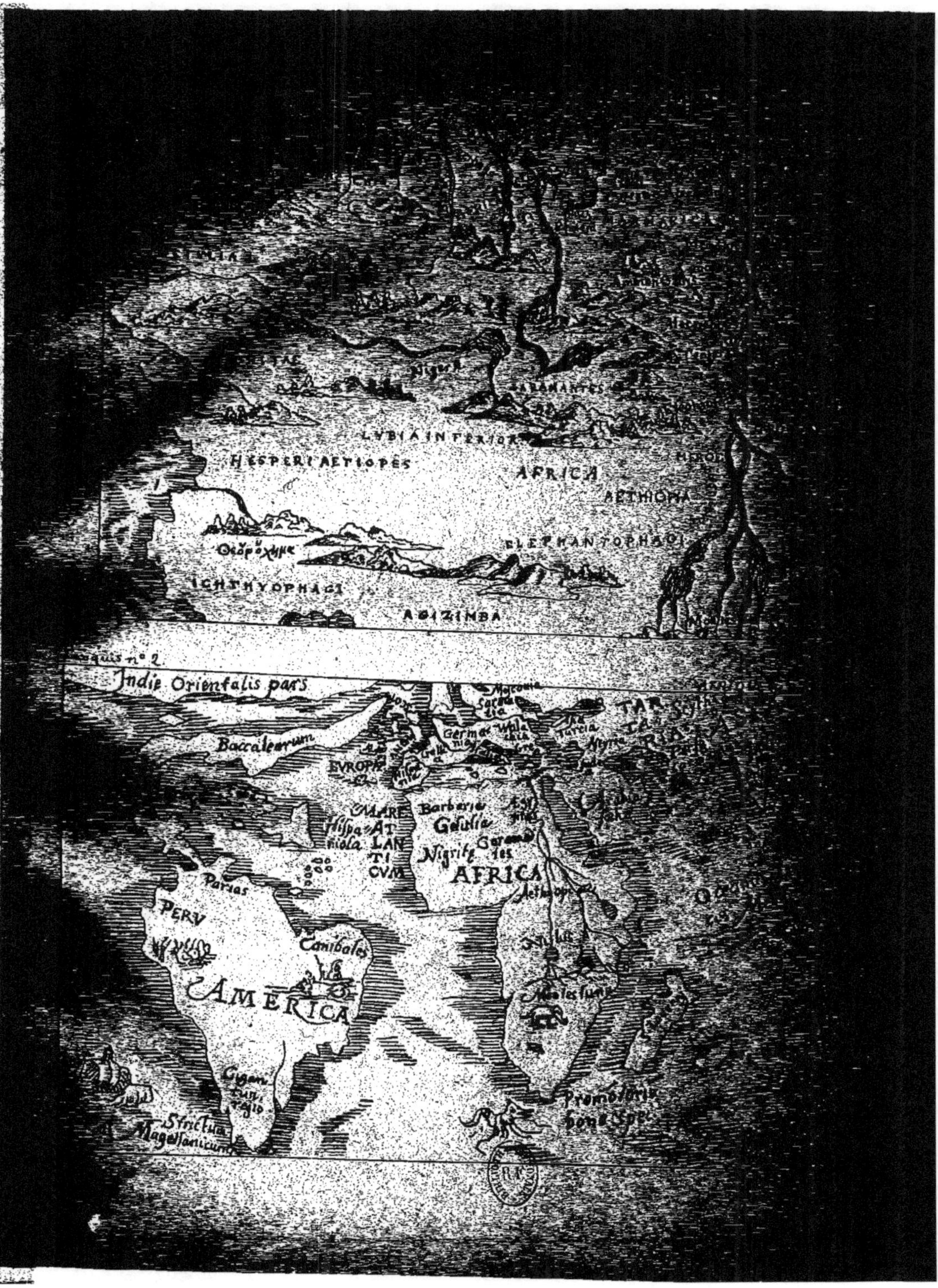

GARAMANTES

LVBIA INFERIOR

HESPERI AETIOPES

AFRICA

AETHIOPA

ΘΕΟΡΌΧΗΜΑ

ELEPHANTOPHAGI

ICHTHYOPHAGI

AΘIZIMBA

Indie Orientalis pars

Baccalearum

EVROPA

MARE
ATLAN
TI
CVM

Hispaniola

Barbaria
Getulia

Nigriti

Geruodes

AFRICA

Aethiop

TARSIS

Parias

PERV

Canibales

AMERICA

Gigantum regio

Strictum Magellanicum

Promontorium bonæ Spei

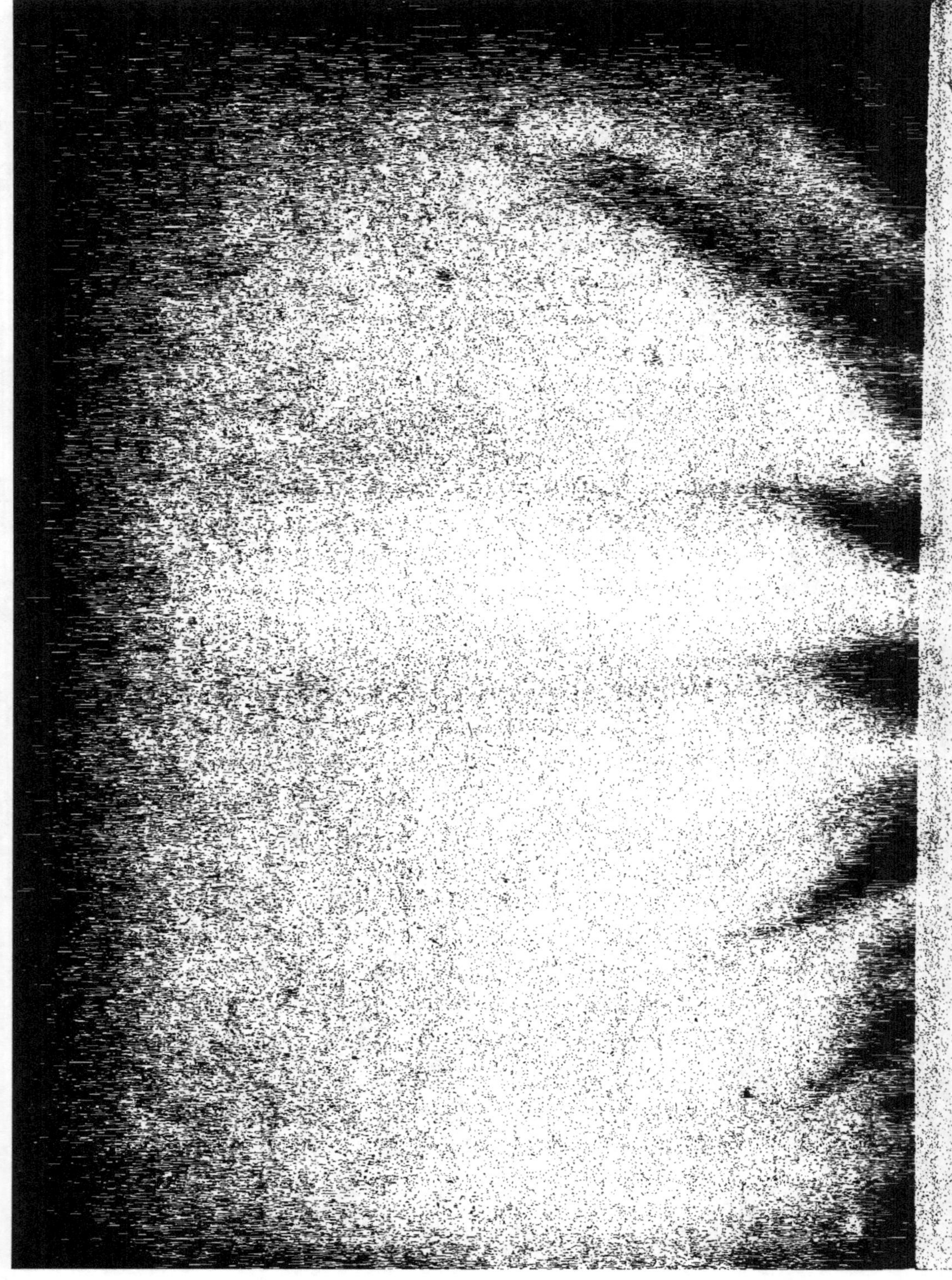

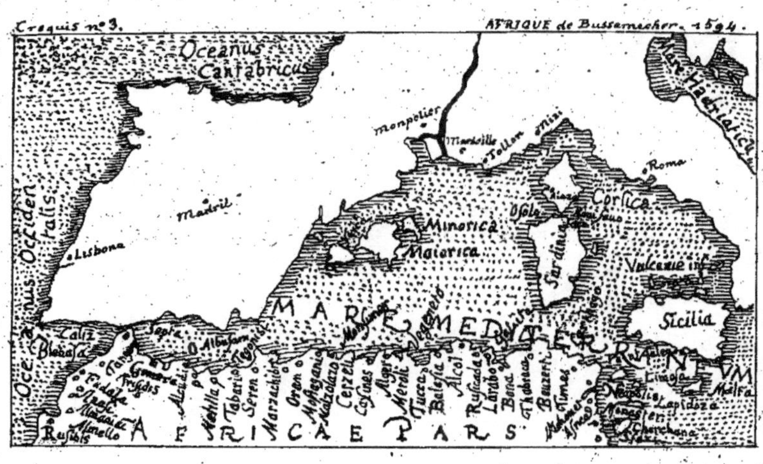


Croquis n° 3.
AFRIQUE de Bussemecher. 1594.
Oceanus Cantabricus
Mare Hadriaticu
Oceanus Occidentalis
Madrid
Monpolier
Marseille
Tollon
Nisa
Roma
Corsica
Lisbona
Isola
Minorica
Maiorica
Sardinia
Vulcanie inf.
Sicilia
MARE MEDITERRANEVM
AFRICAE PARS

Croquis n° 6. AFRIQUE d'après Dosnos. 1790.
Madrid
GRÈCE
MER
TURQUIE D'ASIE
ROY.
MEDITERRANEE
D'ALGER
Jerusalem
ARABIE
SARA ou DESERT
Angola
Guaden
L. Maberga
Caire
la Mecque
N. Tombou
Zanfara
Pago
Bambara
Gondar
Tuno
ROY.
OCEAN
NIGRITIE
GUINEE
Abis
MACAO
OCEAN
Roy.
d'Ango
ZANGUEBAR
ORIENTAL
ÉTATS la Nubie
Ste Hélène
Moumotapa
Cafrerie
MERIDIONAL
C. de Bonne Espérance

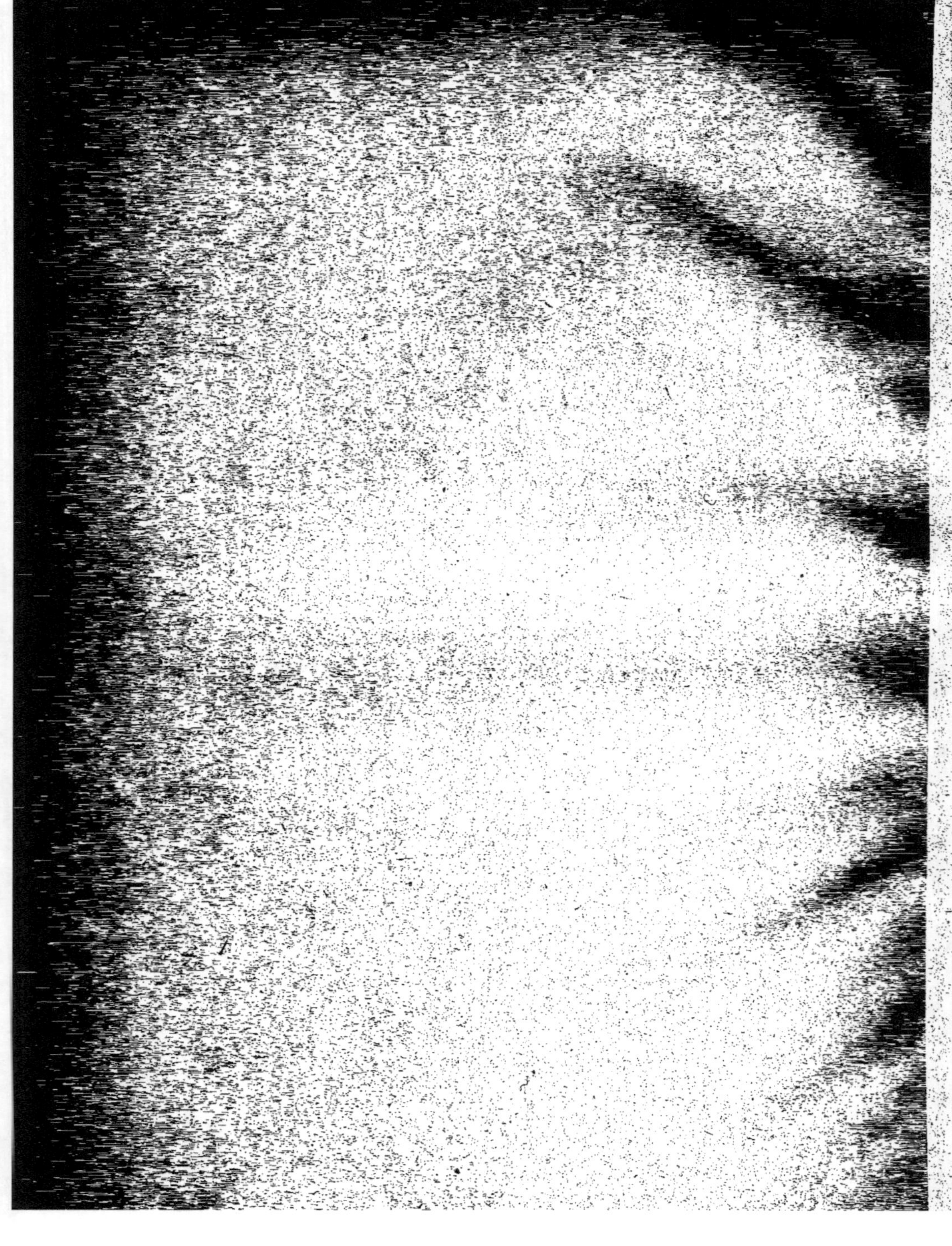

Croquis n° 4.
AFRIQUE d'après CORONELLI, 1689.
BARBARIE
Alger
Telta
Maroc
SAARA ou LE DÉSERT
ROY. GENATA
Rio St Joan
NIGRITIE
Tombut
Ge riv. du Niger
Villaye du Gouverneur
Rio Gambia
Marg
Cano
ROY. DE GUBER
Semegondo
Kango
Lac Borno
Male Gens
LA GUINÉE
Coste de Serre Lione
Coste del
Bones Gens Dents
Amasen
Syre
Roy. de Gabon
Lac Niger
ÉTHIOPIE
EGYPTE
Caïre
Suas
NUBIE
Rio de Nubie
PARTIE DE L'ARABIE
Désert de Suaquem
ABIS SINIE
Tsana Lac
N.2
COSTE D'AIAN
Seigneurie de Grange
Brava
Quilimanci
Mélinde
I. et P. Mombace
I. et Ft Quiloa aux Portugais 1506
Montagnes de Lituna
Angola Roy.
Benguela nova
Mines d'argent
Lac de
Zembre
Zac
Chiçova
Rio Zambeze
Empe du
Monomo tapa
Calburas
Rio Cuama
Rio Magnice
Rt del Spirito So
Monomotapa
Post Martial
Sofala
ISLE MADÉCASSE
Hotentoto Paiis
CAP DE BONNE ESPÉRANCE
BIBLIOTHÈQUE NATIONALE R.F.

Croquis n°5.
AFRIQUE d'après Le Rouge. 1747.
ESPAGNE
Alger
R.e de Tunis
Mazagan
Et.s du Roi de MAROC
R.e d'ALGER
R.me de TRIPOLI
Arca
DÉSERT DE BARBARIE
Huargela
GUALATA
R. d'Antinac
L. Maberia
Timbio
TOMBUT
Ghana
GAGO R. produit de l'Or
Gago
NIGRITIE
Pais que l'on croit Désert
R. DES POULES
EGYPTE
Siouah Republi
Le Caire
Tor
Beronice
NUBIE
R.me de Tagra
Gondar
Sourset du Nil
R. Blanche
A B I S S I N I E
L. Zawaya
R. d'ADEL
AJAN
Côte Déserte
Magadoxo
HARACATES
le des Dens
CÔTE D'OR
R. de BENIN
ÉTATS DU ROI DE GINGIRO
Monsol
CONGO
Zaire R. Coanza R.
ROY.me DE MACOCO
Loanda
les Mossagayes Cruels
MONOEMUGI
Lac de Mara
ZANGUEBAR
Quiloa ruiné
MADAGASCAR
Cap des Cocos
CAFRERIE
CIMBEBAS
Terres du MUZUMBO A CALUNGA
Désert
Zambise R.
Chicova
Monts de l'Epine du Monde
Tete Zimbaas
Sofala
R.me DE MONOMOTAPA
Terres du roi Biri
Saida
les Cobonas
HOTTENTOTS
Terra dos Fumos
P. Dauphin ruiné
R. Sans Fin
Hellembosch
F. Hollandois
CAP DE B.ne ESPERANCE

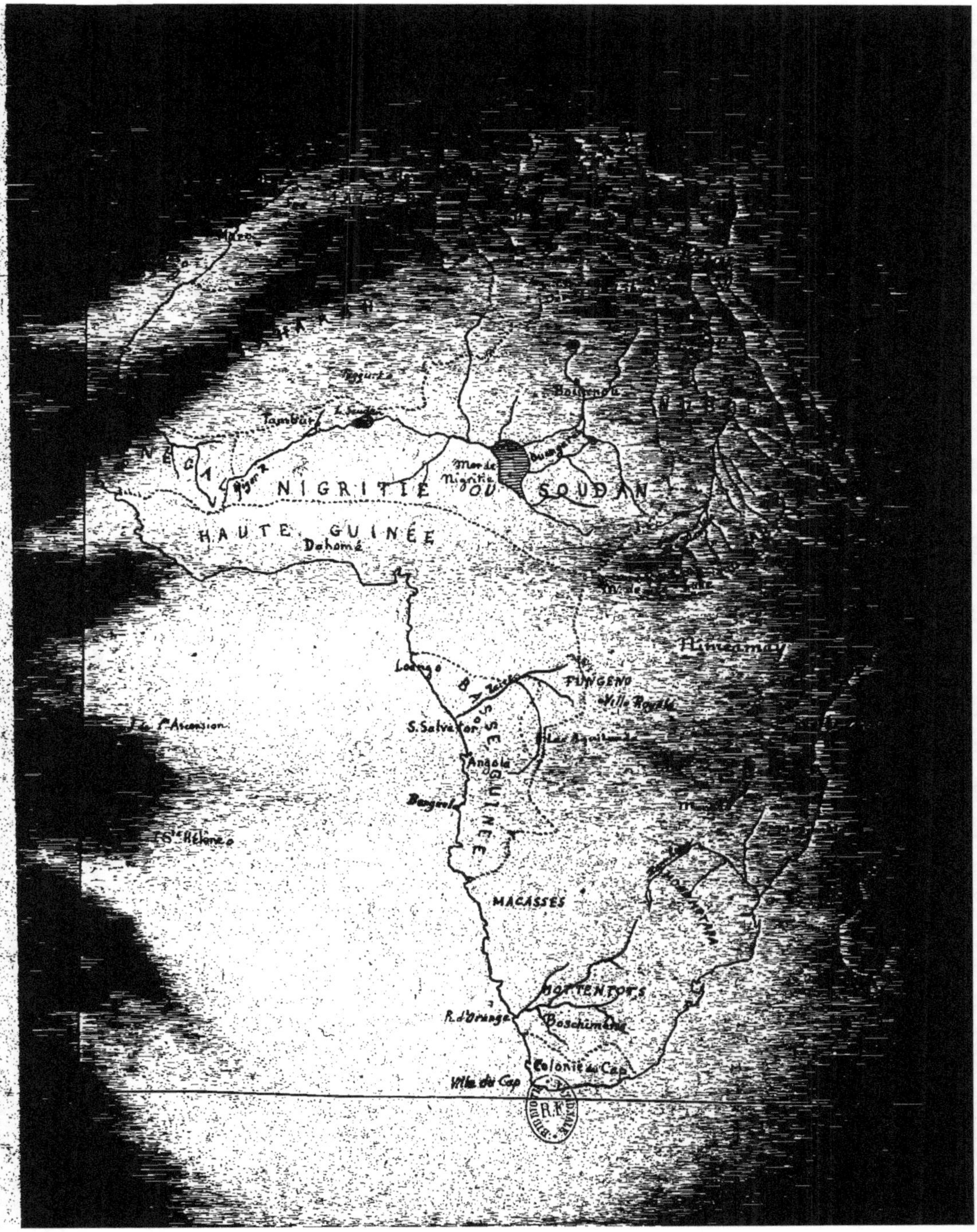

SÉNÉGAL

Tambura

Tissurta

Niger

NIGRITIE

Mer de Nigritie

OU SOUDAN

HAUTE GUINÉE

Dahomé

I. de l'Ascension

Loango

BASSE GUINÉE

S. Salvador

Angola

Benguela

I. Ste Hélène

FUNGENO

Ville Royale

Himeamay

MACASSES

HOTTENTOTS

R. d'Orange

Boschimans

Colonie du Cap

Ville du Cap

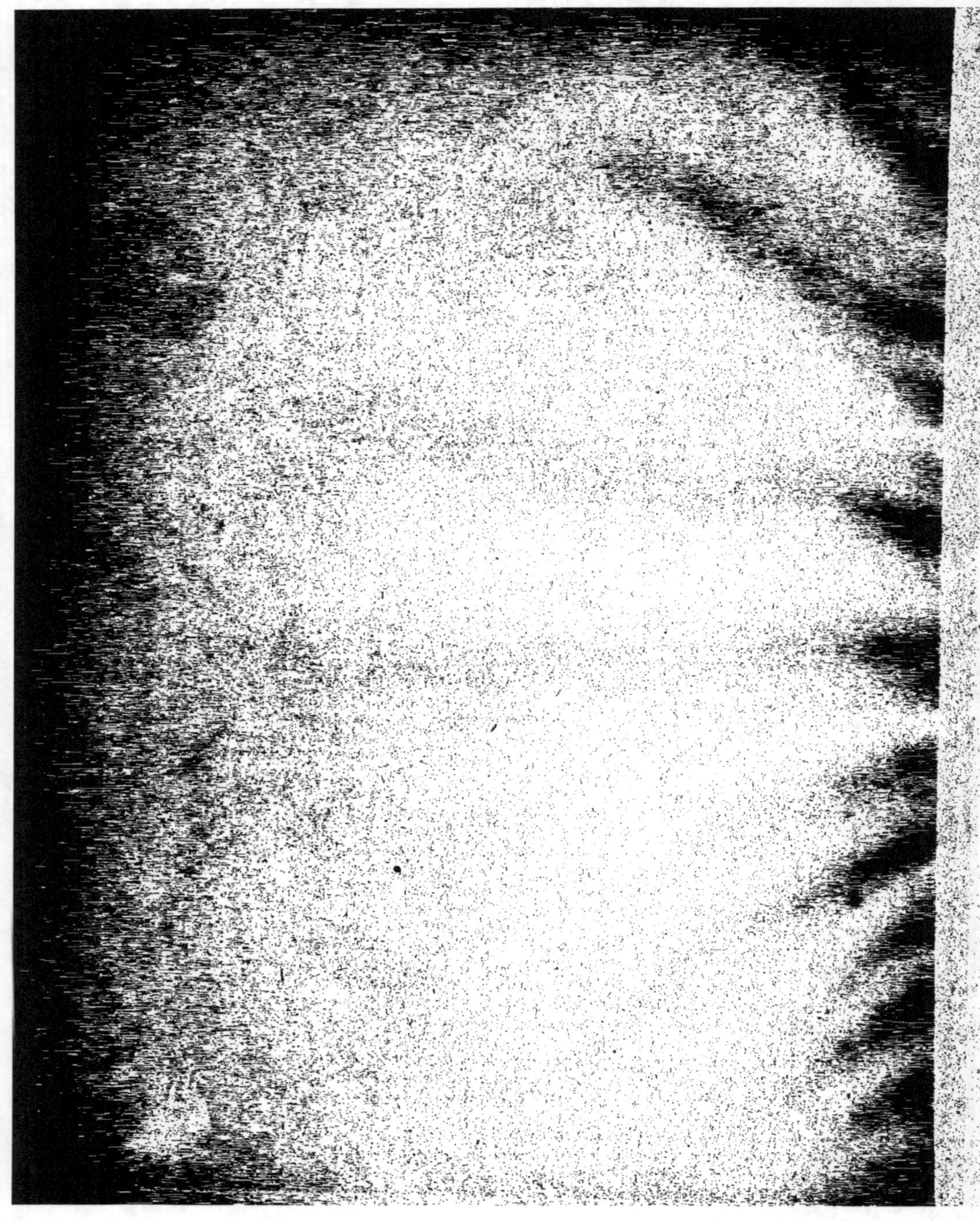

ESPAGNE
Gibraltar
Algar
Tunis
okes
Gafsa
CRETE
SYRIE
Tunger Couta
Chali
Laghouat
Fès
Meguina
Ouargla
Tripoli
Mourg
El Agheh
Alexandrie
Suez
ARABIE
el Golaah
Minda
Tarfaja
Tunsatin
Ghadamis
Taboniah
Aujila
Siwa
Wadi Noa
Insalah
El Hasi
Nemissa
Minstima
Idelès
Ghar
Shatran
Kebado
Pikuli
Jakh
Bardai
Dirki
El Gnnatir
El Galaa
Insisa
MER ROUGE
Taudeni
Mabruk
Tifezar
Wodan
Arawan
Bilma
Suakim
Tischit
Wialarn
Agadem
Wara
Tlema
Tombouctou
Mowo
Bererit
Teudatty
Kartoum
Gondar
Diré
Barno
Yawa Mangara
Magdala
St Louis
Sarajanno
Sokoto
Muthgna
Kuka
Lac
Adon
Ulala
Sumbou
Kano
Tjid
Berbera
Segu
Camorde
Sai
Ogade
Guari
Bathurst
Gondja
Kamarua
Freetown
Liberia
ASCHANTES
DAHOMEY
Abg
Gabon
Tombo
Gondokoro
Ogowe
Equateur
Muau Kombo
ls. rempli
d'îles
Albert Nyanza
MONTS DE LA LUNE
Kenia
Equateur
Bambesé
Victoria
Nyanza
Adir
Monbay
Loango
Congo R.
L. Kamolonda
Oudjidi
Sunyanyemba
Kiggyhi
Zanzibar
Roki
Lincola
L.
Tanga
nika
missisima
Loanda
Kasandji
Katepé
L.
Moëro
Lunda
Chambizé R.
Kubanga
Kibur
L. Banguela
Ingawemba
Cabandé
Les Marais
Mozambique
Chinré
Zumbo
Linyany
Sechela
Tete
Sena
Kilimane
Orjicoro
Chuer
Victoria
Sofala
Olennnu
Lochonja
Cabe
Makoto
Barmen
Amyju
Colobang
Kuumon
Kashui
Agricou Town
Riche Servelat
Port Natal
Cape Town
MADAGASCAR
Tananarive
Fort
Dauphin

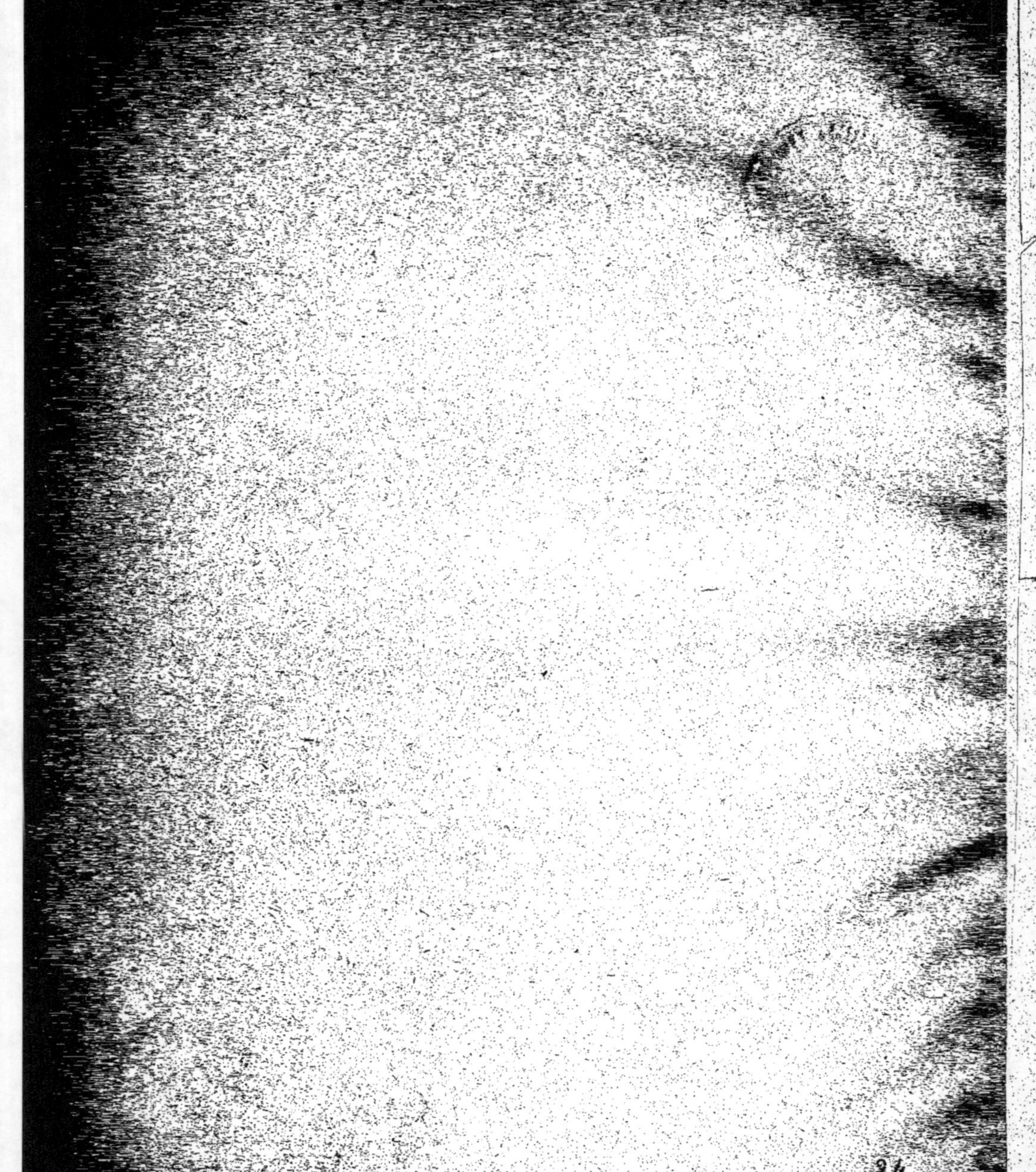